FABRICATION DES ÉTOFFES

ÉTUDES

SUR

LES ARTS TEXTILES

A L'EXPOSITION UNIVERSELLE DE 1867

COMPRENANT

LES PERFECTIONNEMENTS RÉCENTS

APPORTÉS

à la Filature, au Retordage, etc., etc.,
du Coton, du Chanvre, du Lin, de la Laine, de la Soie, du Jute,
du China-Grass, etc.;
à la Fabrication des Cordages;
au Tissage des Étoffes à fils serrés et à mailles, unies et façonnées;
et aux Apprêts des Fils et des Étoffes;

PAR

MICHEL ALCAN

INGÉNIEUR

Professeur de filature et de tissage au Conservatoire impérial des Arts et Métiers,
Président du Jury, classe 55e, à l'Exposition universelle de 1867 à Paris,
Membre du Jury et l'un des rapporteurs des Expositions internationales,
Vice-président de la Société des Ingénieurs civils, Membre du Conseil de la Société d'Encouragement
et des principales Sociétés scientifiques et industrielles.

ATLAS

PARIS

LIBRAIRIE POLYTECHNIQUE DE J. BAUDRY, ÉDITEUR

15, rue des Saints-Pères

LIÉGE — MÊME MAISON

1868

TABLE DES PLANCHES

Tissage.

Apprêts des Tissus.

PARIS. — TYPOGRAPHIE HENNUYER ET FILS, RUE DU BOULEVARD, 7.

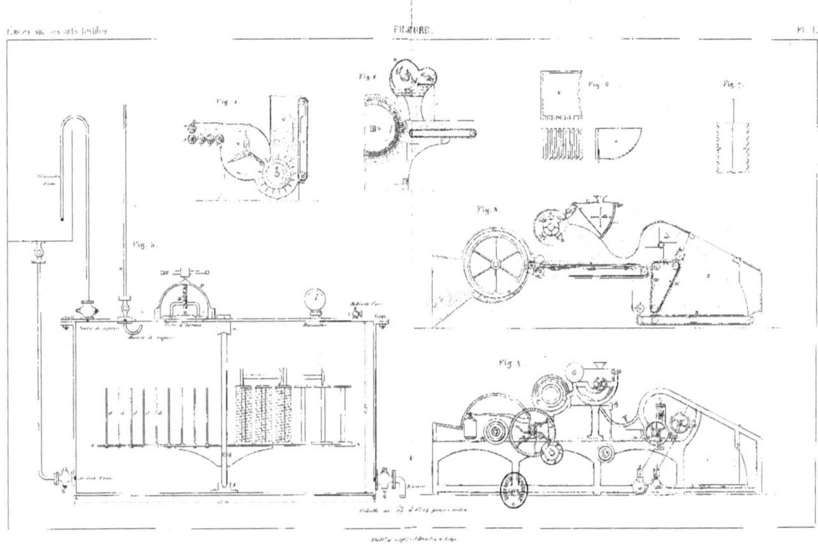
Études sur les arts textiles
FILATURE.
Pl. I.

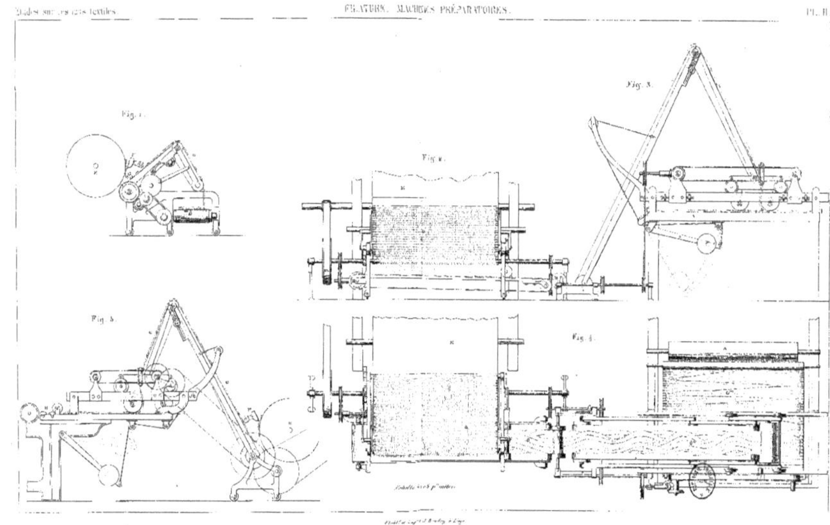

Études sur les arts textiles.
FILATURE. MACHINES PRÉPARATOIRES.
Pl. II.
Fig. 1.
Fig. 2.
Fig. 3.
Fig. 4.
Fig. 5.

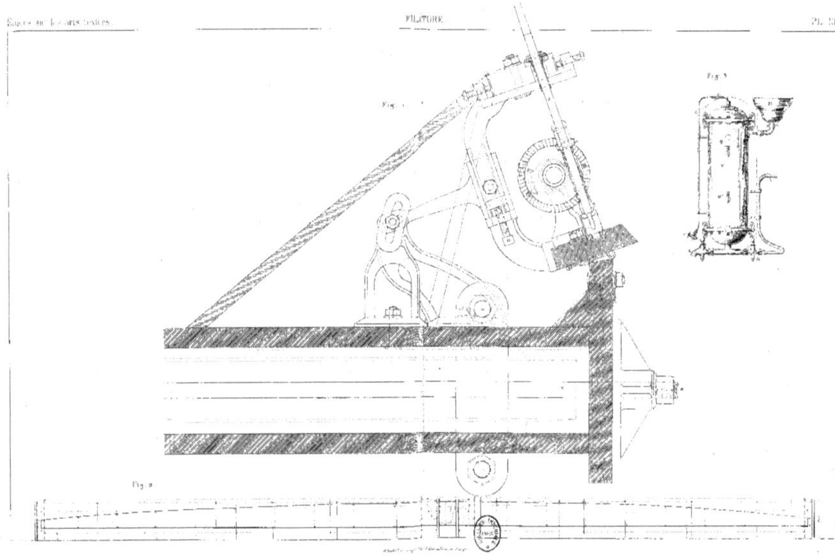

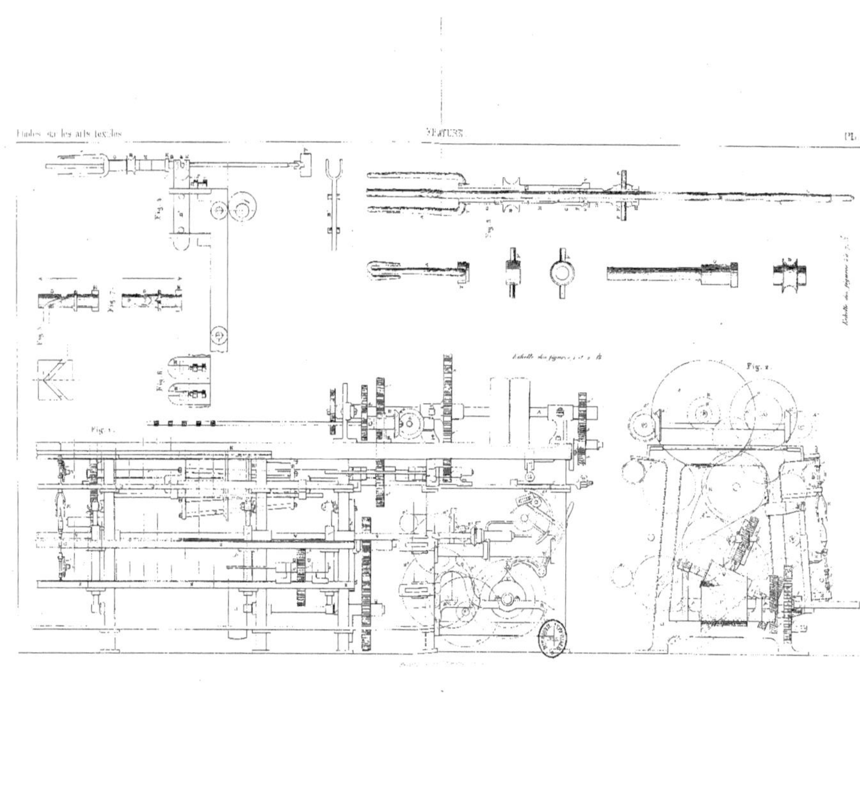

Fig. 1.

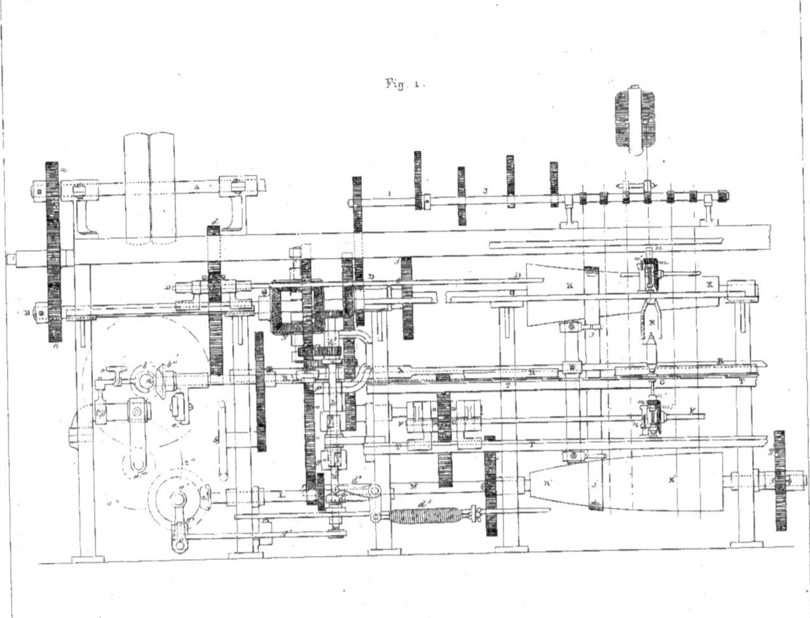

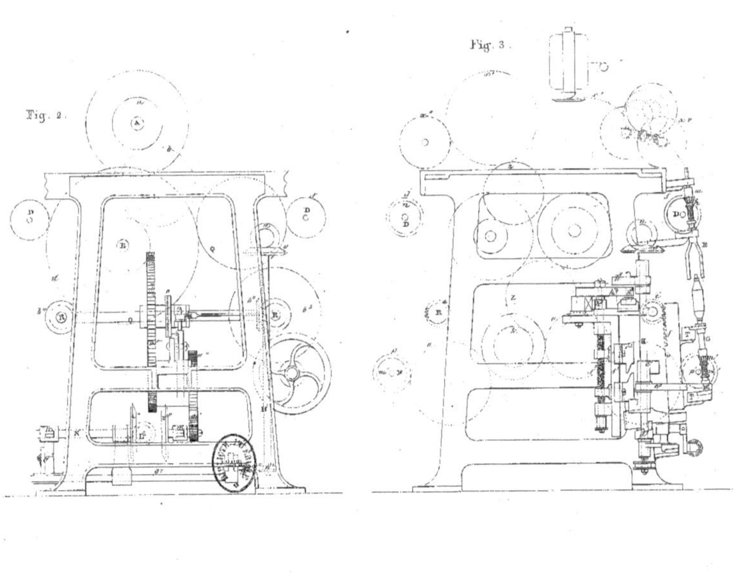

Fig. 2. Fig. 3.

Etabl. Lit. impr. du J. Baudry, de Liège.

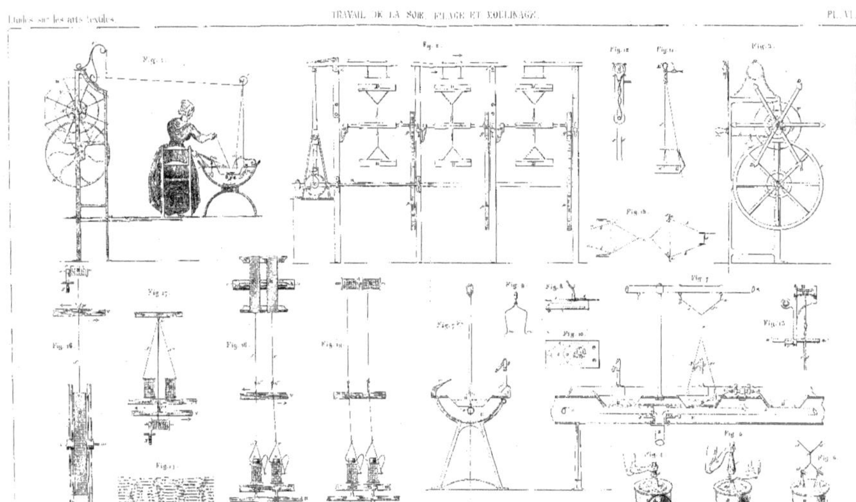

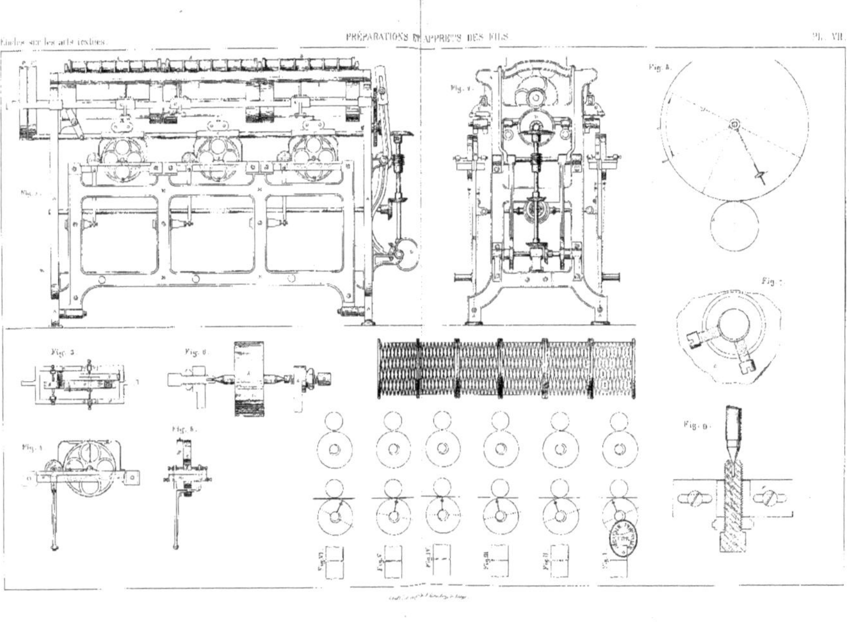

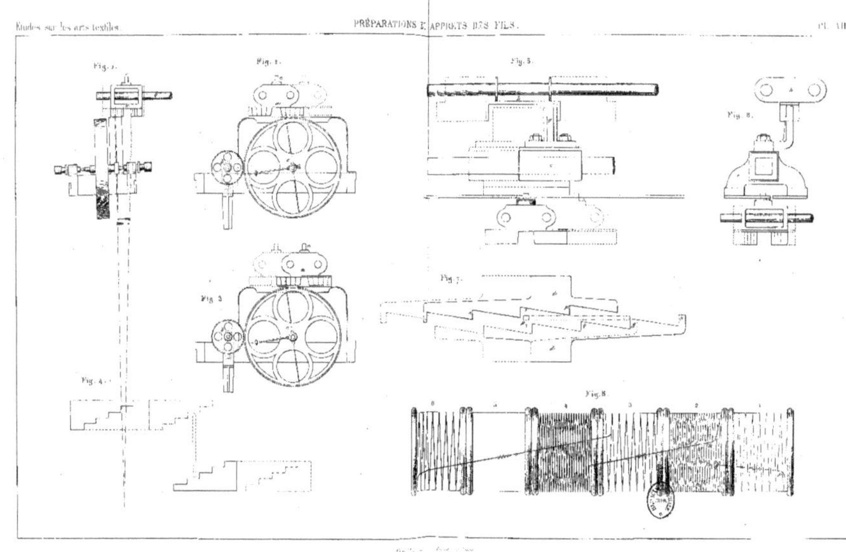
Fig. 1.
Fig. 2.
Fig. 3
Fig. 4.
Fig. 5.
Fig. 6.
Fig. 7.
Fig. 8.

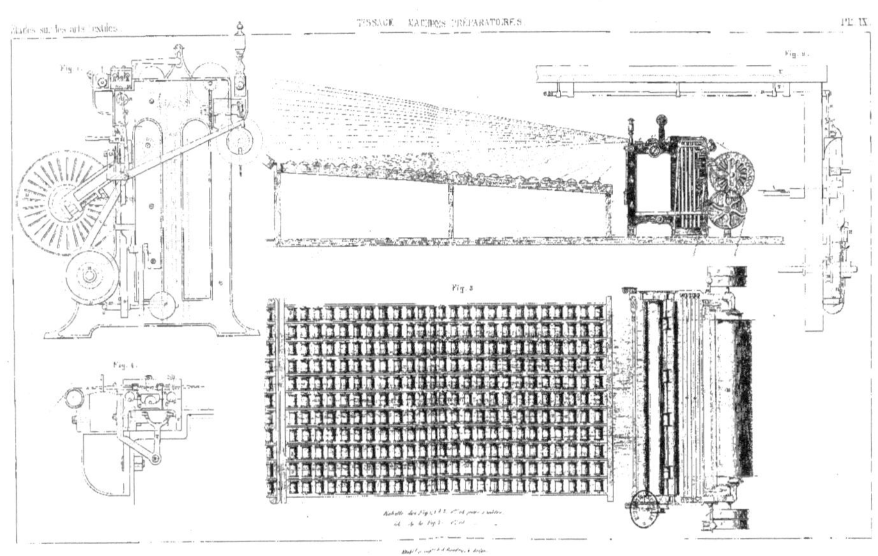

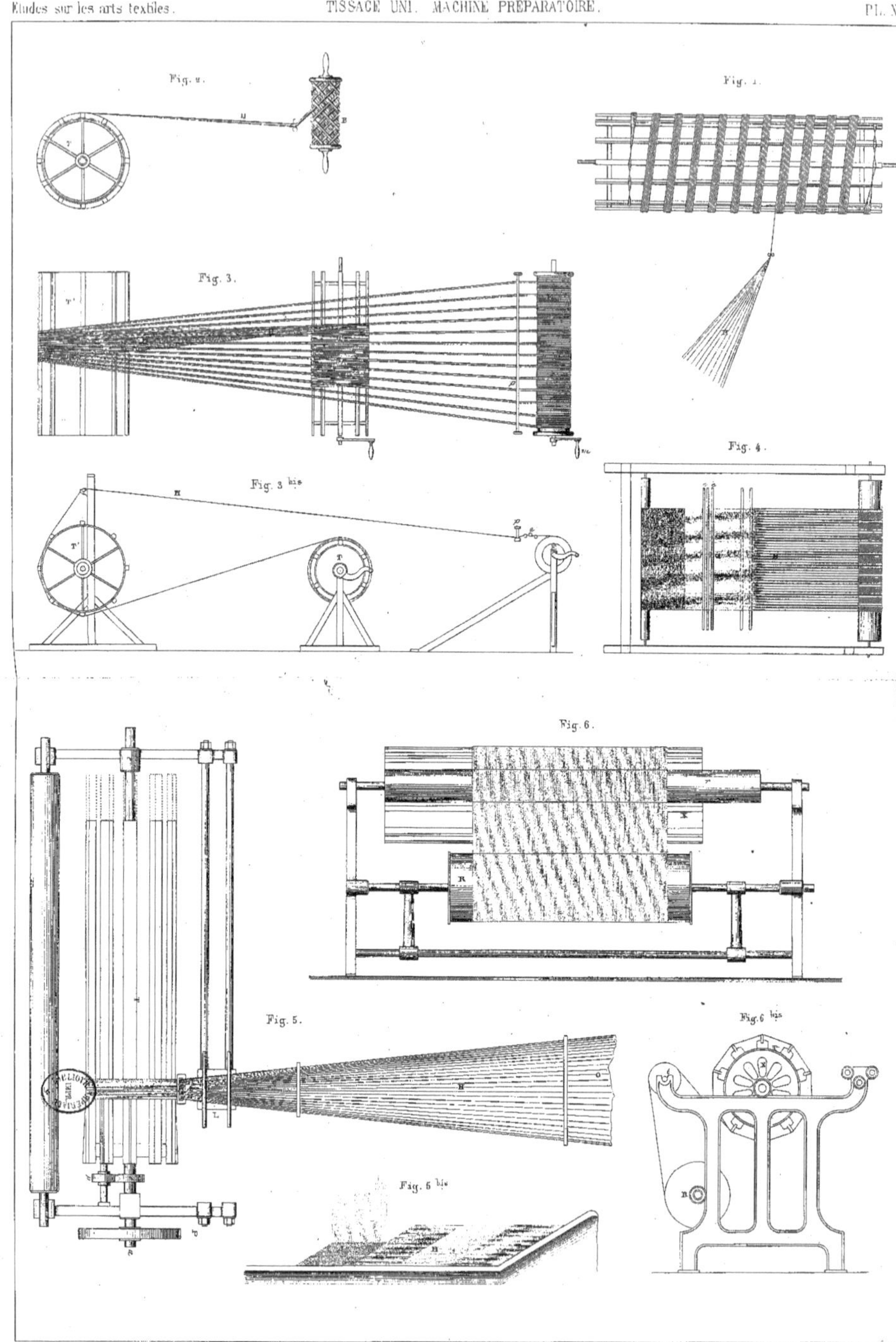

Etabl.t d'impr.ies de J. Baudry, à Liège.

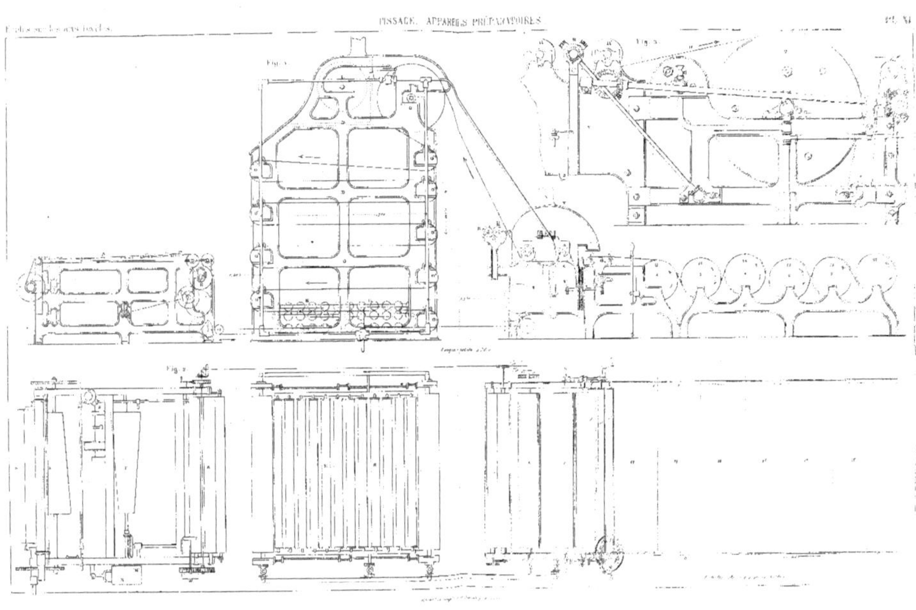
TISSAGE. APPAREILS PRÉPARATOIRES
Pl. XI

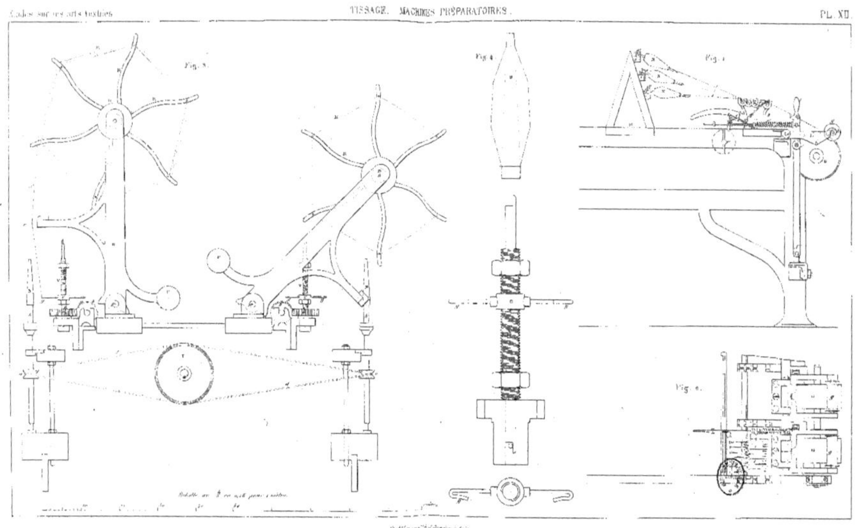

TISSAGE DES ÉTOFFES ET MACHINES PRÉPARATOIRES.

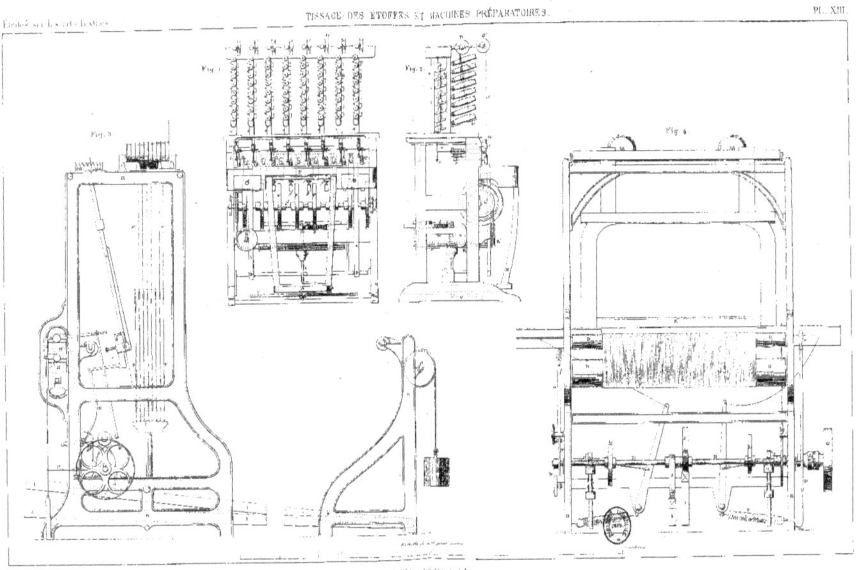

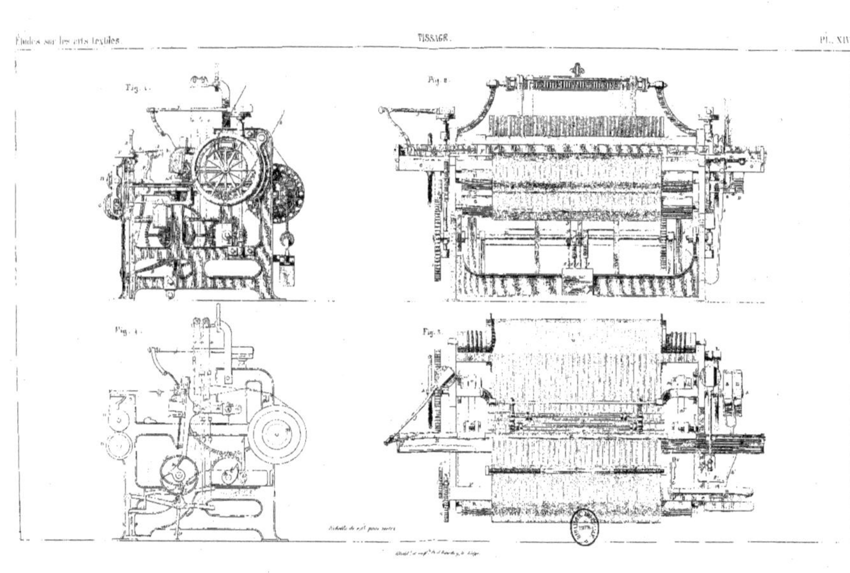

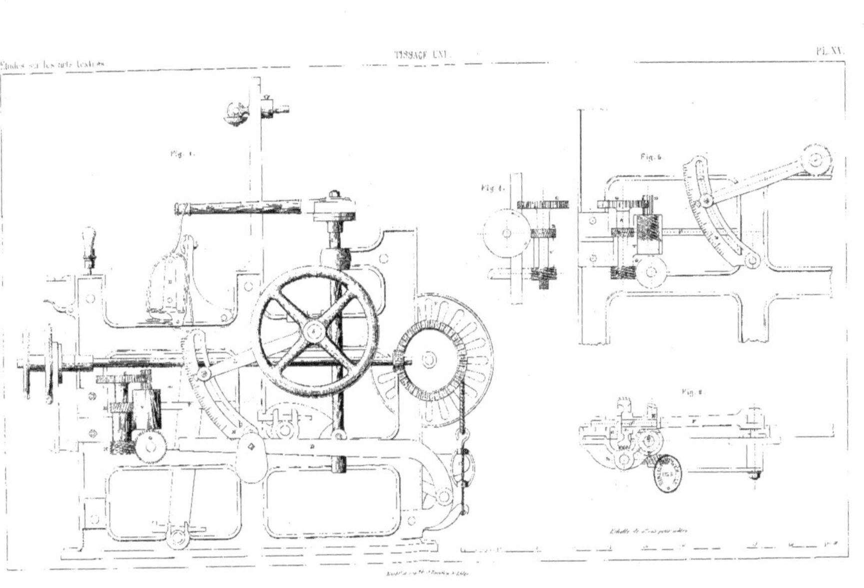
Fig. 6.

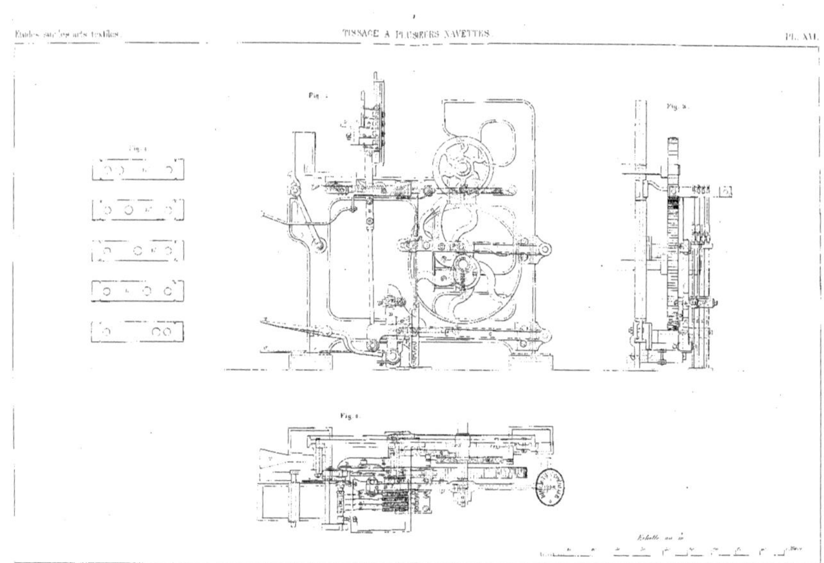

TISSAGE FAÇONNÉ.

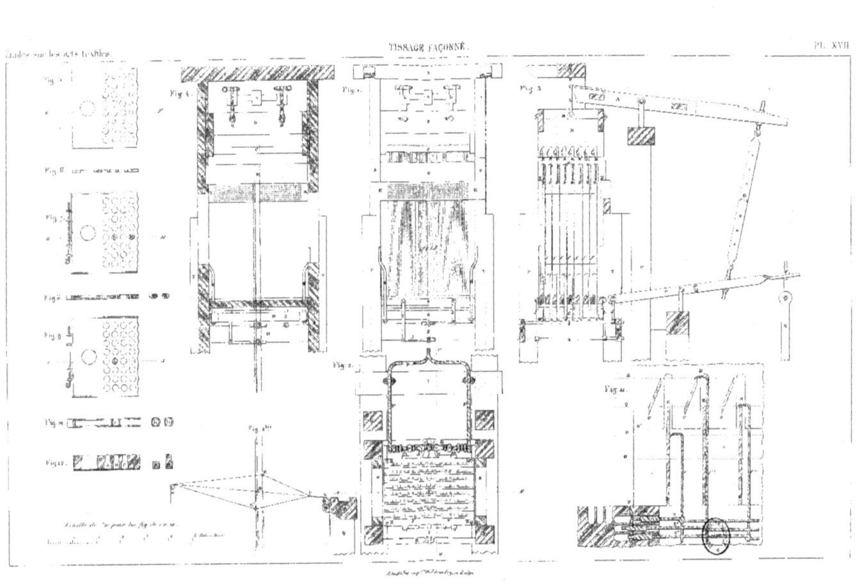

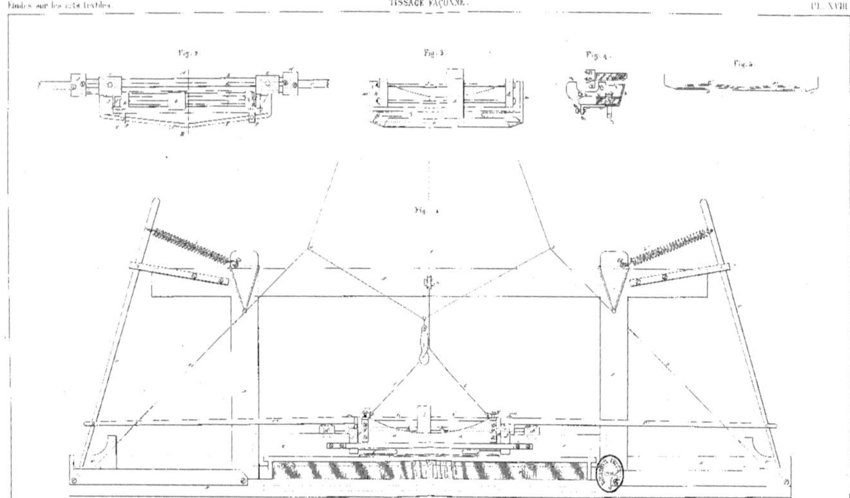
Fig. 2.
Fig. 3.
Fig. 4.
Fig. 5.
Fig. 1.

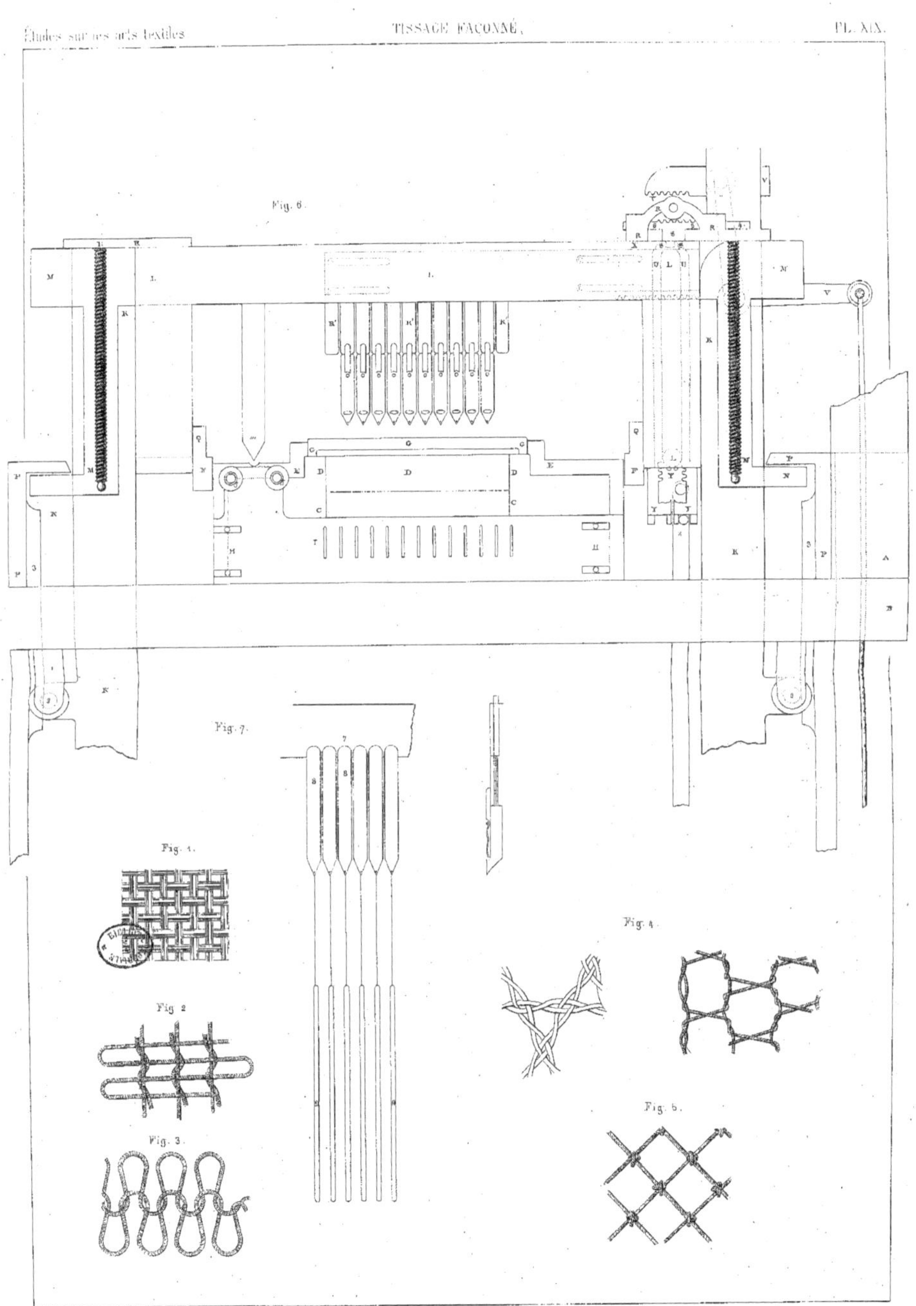

Établ.t et impr.ie de J. Baudry, à Liège.

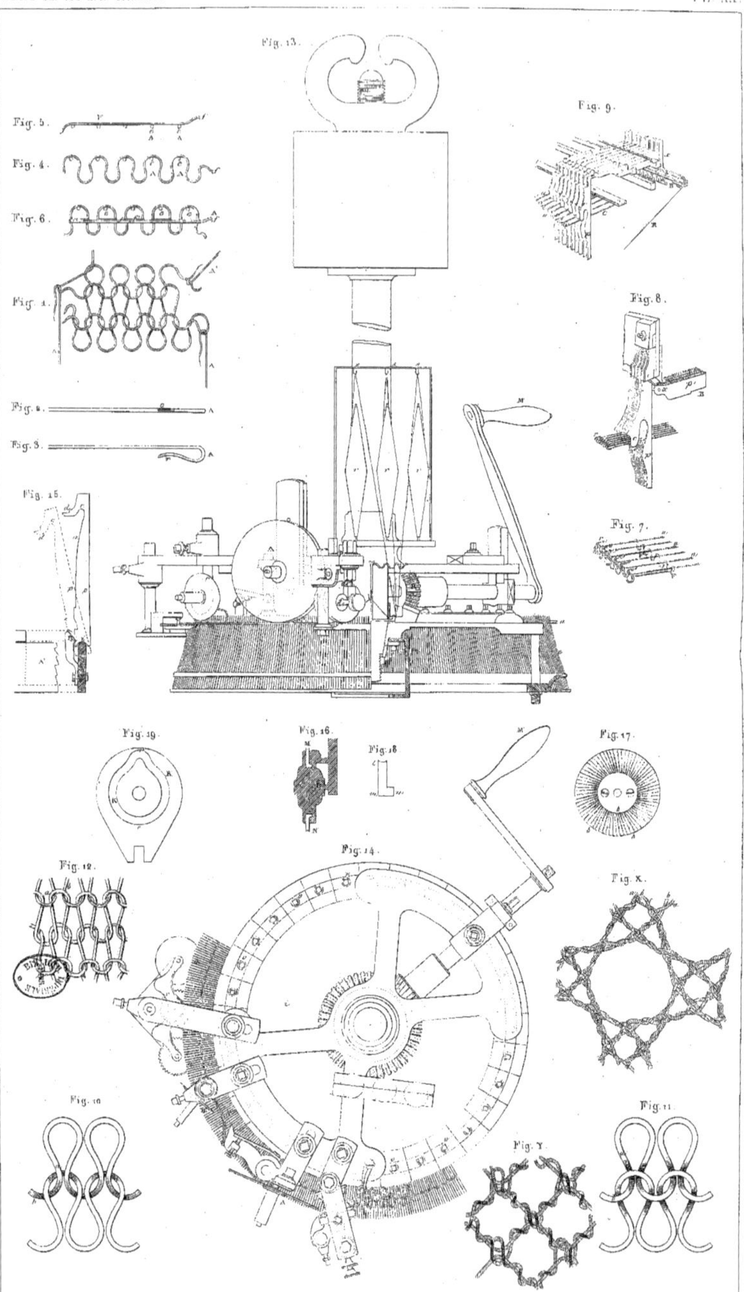

Établ.t et imp.ie de J. Baudry, à Liège.

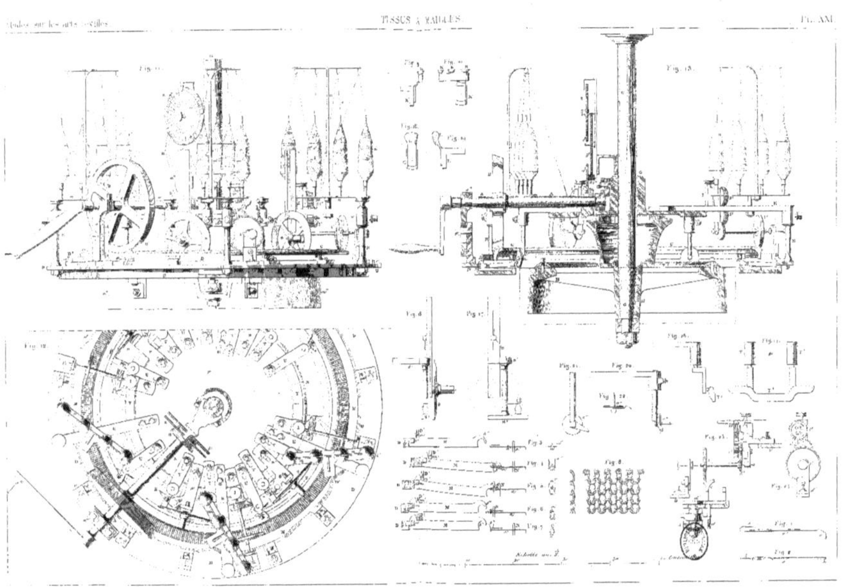

Études sur les arts textiles. MÉTIERS À MAILLES ÉLASTIQUES. Pl. XXII

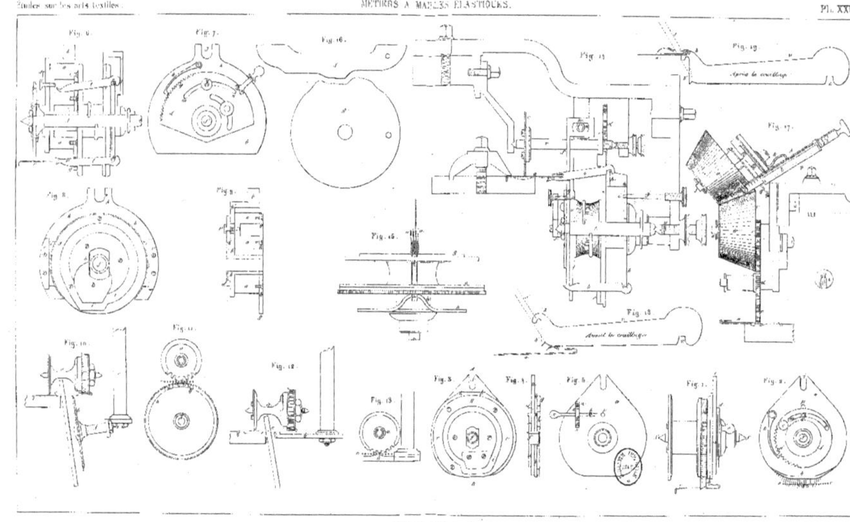

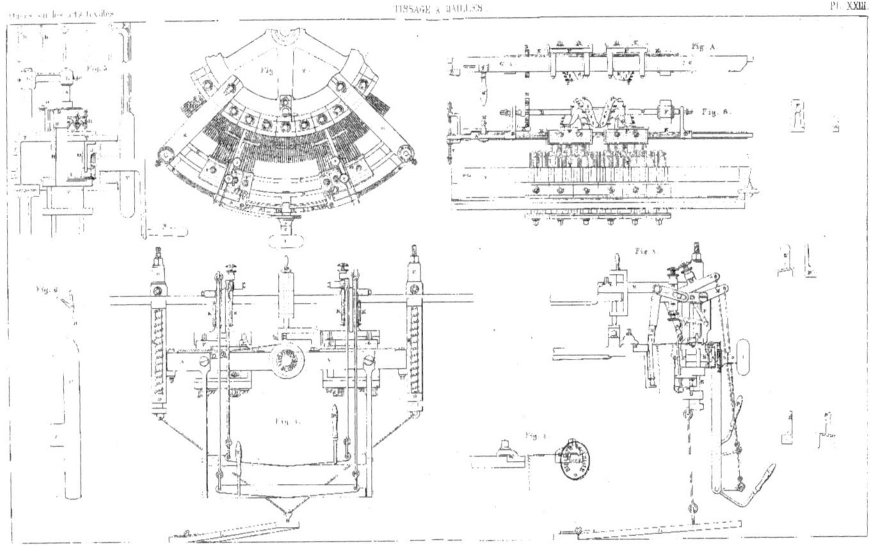

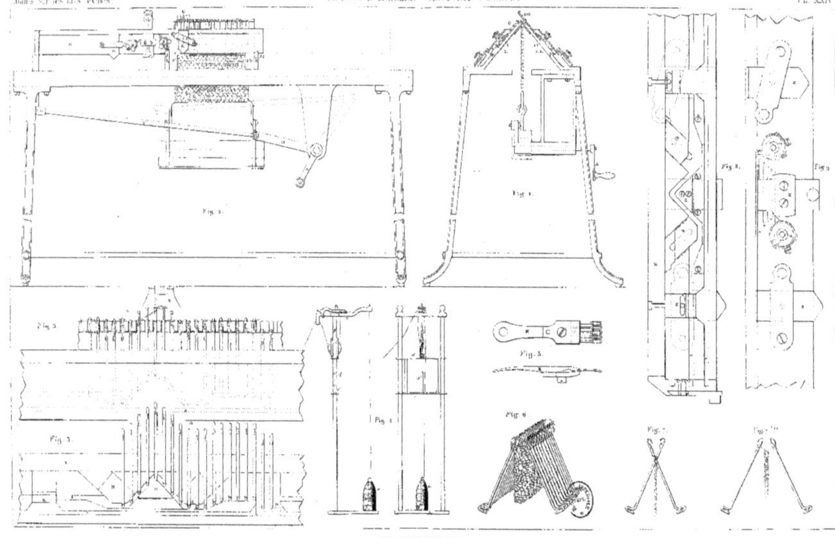
Fig. 1
Fig. 2
Fig. 3
Fig. 4
Fig. 5
Fig. 6
Fig. 7
Fig. 8
Fig. 9

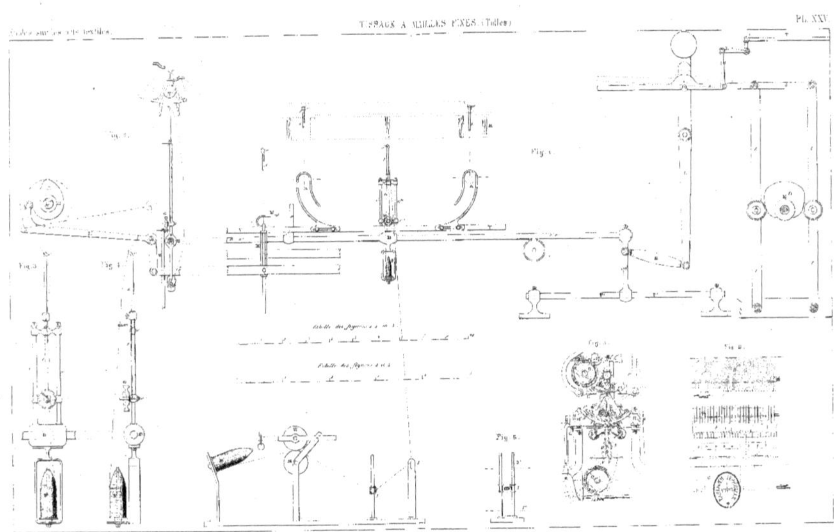
Études sur les arts textiles.
TISSAGE A MAILLES FIXES (Tulles)
PL. XXV.

Fig. 1.

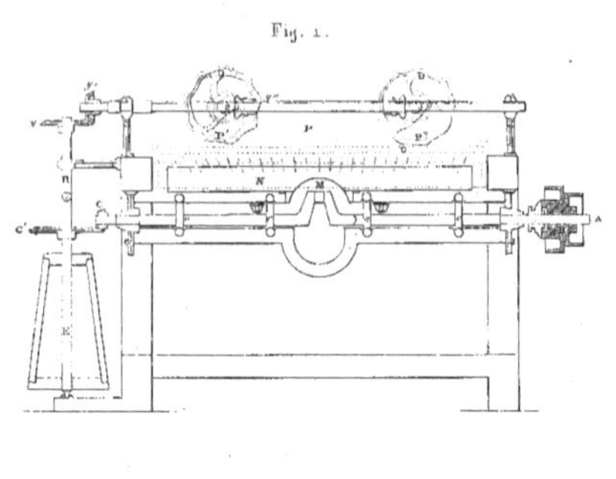

Fig. 2.

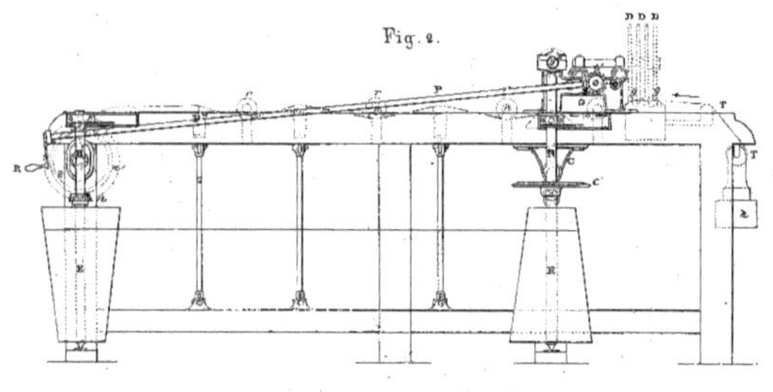

Fig. 4.

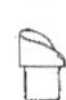

Fig. 3.

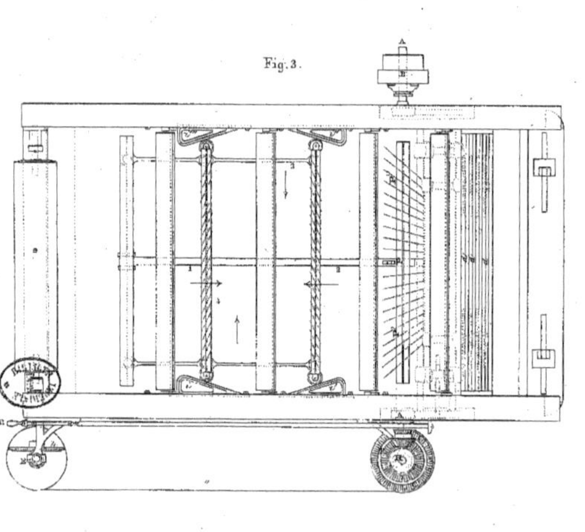

Échelle au $\frac{1}{20}$.

Établᵗ et impʳⁱᵉ de J. Baudry, à Liège.

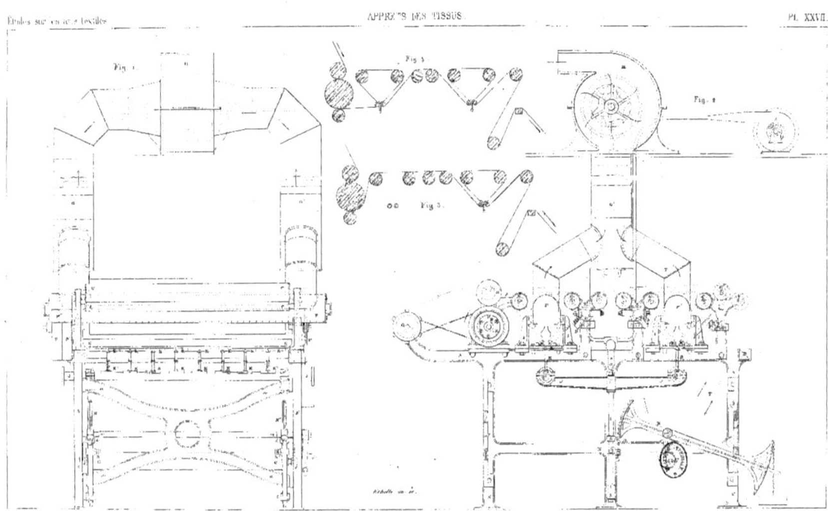
Fig. 1
Fig. 2
Fig. 3
Échelle au 1/10

APPAREILS A APPRÊTER.

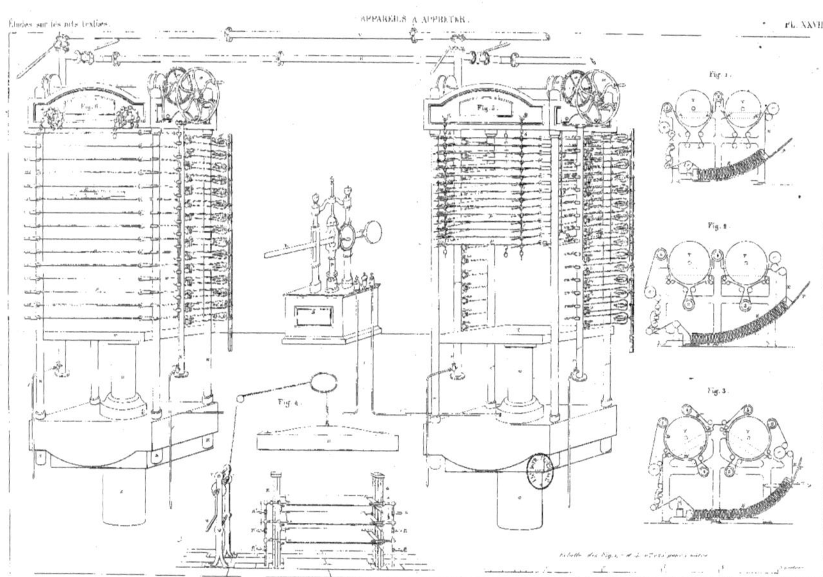

www.ingramcontent.com/pod-product-compliance
Lightning Source LLC
LaVergne TN
LVHW020432230826
846091LV00004B/1465

9782011911322